HEYNE MINI

Sachsen lacht Witze

Mitgehört, gefunden und versammelt von Bernd-Lutz Lange

Illustrationen von Lothar Otto

WILHELM HEYNE VERLAG
MÜNCHEN

Heyne MINI Nr. 33/1289

9. Auflage

Mit freundlicher Genehmigung
des Eichborn Verlages, Frankfurt/M.,
aus den drei Bänden
»Sächsische Witze«
von Bernd-Lutz Lange zusammengestellt.
Umschlagvorderseite:
Lothar Otto / Baaske Cartoon Agentur,
München
Umschlaggestaltung:
Atelier Ingrid Schütz, München
Satz: Fotosatz Völkl, Puchheim
Printed in Germany 2000

ISBN 3-453-09513-8

Eene gleene Einfiehrung

Den sächsischen Witz zeichnen einige Besonderheiten aus. Für mich die liebenswerteste: seine Selbstironie. Die Sachsen wurden seit eh und je wegen ihres Dialekts belächelt. Selbstironie ist da immer noch die beste Verteidigung!
Eine andere Besonderheit ist das Um-die-Ecke-Denken … diese absurden Varianten finden Sie in dem Büchel auf den Seiten 34 ff.
Schließlich kennt der Sachse vor allem kein Pathos. Wie soll man

mit *dem* Dialekt auch erhabene Sätze formulieren? Für mich ist es immer wieder eine traumhafte Vorstellung, daß die beiden Heroen Richard Wagner und Friedrich Nietzsche unheimlich sächselten! Und der Schöpfer von »Old Schädderhänd«! Manch sächsisches Wort läßt sich beim Lesen nicht auf Anhieb deuten. Ein Tip: Lesen Sie es laut! Dann erschließt sich Ihnen sofort der Sinn, und Ihre Mitreisenden in Bundes- oder Reichsbahn haben auch noch etwas davon!

B. L. L.

Zwei Freunde unterhalten sich. Sagt der eine: »Du, wenn ich ämal bangsionierd bin, da sädz ich mich in ä Schauglschduhl un mache erschdema ä Värdljahr iewrhaubd nischd mähr!«
»Un dann?«
»Dann? Nu, dann wär ich vielleichd mal a Häbbchen schaugeln.«

Ein Mann läuft über ein Feld. Da ruft ihm der Bauer zu: »Mechdn Sie elendr Lauseräddch nich oochnbligglich von mein Aggr runndorgehn!? Ich soll Sie wohl middr Rahdehagge uffn Nischl dibbn, daß Sie's Gehärne um dä Ohrn schbrizzd! Frdimmich nochämal!!!«

»Entschuldigen Sie, ich wußte nicht, daß das Betreten des Feldes verboten ist.«

»Na ähm drum! Desdorwäächn saache ich's Ihn ja ärschdema im Guudn!«

BASS-
GONDROLLE,
BIDDE!

»Wie heeßdn eechendlich Ihr Gleener?«

»Gindr.«

»Wie gonndn Se dähm bloß so ä Nahm gähm! Wenn Se nu mal Gindr rufn, da gomm doch alle meechlichen Gindr, bloß nich Ihr Gindr!«

Der alte Oehmichen aus Pirna hatte einen Traum: Ich hawwe gedräumd, daß'ch in Himmel gahm. Da lehnde eener am Zaun un saachde:

»Gugge, dorr alde Oehmichen aus Berne.«

Ich mergde, daß das dorr Beedrus is.

»Wo wollnsn hin?«

»In dn Himmel.«

»Zur ewchn Seelichgeid gehds da driem lang, dann rechds. Dann gommse an eene große Diere. Dord globfn Se an, und dann wärd Ihn aufgedahn!« Ich mache los un gomme ooch an die Diere un globbe, awwr mir wärd nich aufgedahn! Ich globbe schdärgr! Nischd! Nu bummere ich dran. Widdr nischd. Nu nähme ich ä gleen Anlauf, sause gäschn die Diere, un endlich schbringdse uff, un ich schliddere iewrs Baargädd. Un was soll'ch Ihn saachn – da sidzd unser Härr Jesus in seiner ganzen Härrlichgeid, guggd mich midd sein scheen giedchen Oochn an un saachd: »Cha – se glemmd 'n bißchen.«

Eine Frau betritt ein Miederwarengeschäft.
»Guhdn Daach.«
»Guhdn Daach, Frau Schneider.«
»Ich hädde gärne ee BH for Ediddn.«
»Mir hamm nur BHs for zwee Diddn!«

In der Schule.
»Wer kann von euch das Präsens von ›haben‹ konjugieren?«
Der kleine Heinrich versucht es:
»Ich habe, du hast … er hat … da hammrsch, da habdrsch, da hammses!«

*

Große Hitze in der Stadt.
»Muddie, mir isses so heeß!«
»Schbrich nich so säggsch, mei Junge! Das heißd nich heeß. Heiß heeßds.«

Ein Mann trifft seinen Freund in der Stadt.
»Nu guggemada, dorr Baul! Mänsch, du hasd dich awwr vorränderd! Gaum widdrzuergänn! Du bisd awwr vorrleichd fädd gewordn! Du siehsd doch völlig andersch aus!«
Der Mann antwortet verblüfft:
»Entschuldigen Sie, ich heiße gar nicht Paul!«
»Ei vorrbibbch! Un Baul heeßde ooch nich mähr?!«

Ein Mann kommt nach Hause und sieht seine Frau mit einem Fremden im Bett. Er sagt zu seiner Frau: »Schäme dich ma.« Und den Fremden fordert er auf: »Un Sie heern off dorr Schdälle off!«

»Ongkel, wohär hasdn du deine rohde Nase?«
»Von dähn vielen schwärn Schiggsalsschlächn, mei Gleener.«
»Ach du meine Fresse, un immer off de Nase?«

Ein Polizist im Schreibwarenladen. »Bitte schön. Was wünschen Sie?«
»Ich hädde gärne garierdes Linienbabier.«
»Was wollen Sie?«
Der Polizist, schon etwas verunsichert: »Garierdes Linienbabier.«
»Also, hören Sie, es gibt kariertes Papier und Linienpapier, aber kariertes Linienpapier – das gibt es gar nicht!«
Total verunsichert verläßt er das Geschäft. Der nächste Kunde ist ein höherer Dienstgrad der Polizei. Die Verkäuferin fragt ihn:

»Sagen Sie mal, haben Sie mitbekommen, was Ihr Kollege verlangt hat?« Der Mann zuckt die Achseln und seufzt. »Wenn Sie mit solchen Leuten arbeiten müssen, dann haben Sie es ja wirklich auch nicht einfach!«
»Nee, nee, mir hamms ooch nich eefach. Mir missn ähmd ooch nähm, wer gommd!«
»Na ja … und was wünschen Sie?«
»Ich hädde gärne ä Globus von Dräsdn.«

Bei einer Kontrolle fragt ein Polizist einen Studenten, der ihm verdächtig vorkommt:
»Wie issn Ihr Name?«
»Baul Meier.«
»Baul Meier … so so … Sie! Das machn Se nich midd mir! Wenn Se dängkn, Sie genn mich vorräbbln!«
»Na guhd, dann schreim Se ähmd Gotthold Ephraim Lessing.«
»Nu sehnse, warum denn nich glei so!«

»Babba, hier schdehd ›ägyptisch‹ – was issn das?«
»E Gibbdisch? Nu, ganz einfach, das is ä Disch, dähr gibbld.«

In der Nähe einer Pferderennbahn.
»Na, guhdn Daach, Härr Schneider, Se sähn ja so bedriggd aus. Was hammr dänn?«
»Ach, ich habe eben beim Rennen zweihundert Mark verloren!«
»Nu, warum loofn Se denn ooch nich langsam?!!

Schmeggd wie Bliehmchen-gaffee!

»Härr Owwr! Ihre Goddelädds wärn ja ooch immer gleener!« »Das is änne obdische Deischung, mei Härr. Mir hamm unser Loghahl vorrgreeßerd!«

»Se wärn enschuldchn, Meesdr, awwr genndn Se mir vorrleichd ä ›B‹ baggn?«
»Nu, nadierlich. Morschn gennses holn!«
Am nächsten Tag kommt der Mann wieder in die Bäckerei, um sein B abzuholen.
»Ach nee, das is awwr schade! Se hamm ja ä hardes ›B‹ gemachd! Ich wollde doch ä weeches!«
»Da bagg ich Ihn ähmd ä neies. Morschn isses färdsch!«
Am nächsten Tag:
»Ei vorrbibbch! Jädz hamm Se ä

gleenes ›b‹ gebaggn! Ich wollde doch'n großes ›B‹.
Am nächsten Tag ist endlich alles in Ordnung. »Wardn Se, ich wär Ihn Ihr ›B‹ noch scheen einbaggn!«
»Nee dangke, das is nich needch. Ich esses glei hier!«

»Mechdn Se dähn Garbfn blau ässn?«
»Nee, gähmse mer erschd dähn Fisch. De Gedrängke gomm hindorher.«

*

»Herr Ober! Ich hätte gern einen Kaffee. Aber ohne Sahne!«
»Das duhd mir leid, Gaffee ohne Sahne hamm mir nich. Gann's ooch ohne Milch sein?«

Ein Mann hat kräftig gezecht. Bevor er geht, ruft er dem Wirt zu:
»Schreimse meine Zeche an, Härr Wird!«
»Hier wird nichts angeschrieben!« antwortet ärgerlich der Wirt.
»Nich? Nu, mir soll's rechd sein, wennse sich's märgn genn!«

»Härr Owwr! Ich hadde vor einicher Zeid bei Ihn ä Glarn beschdälld!«
»Ich habe auch bloß zwei Hände!!!«
»Awwr dafier brauchnse doch bloß eene Hand!«

Tante Else und Onkel Paul kommen zu Besuch. Die kleine Hildegard wird von den Eltern aufgefordert, etwas von ihren Klavierspielkünsten zu zeigen. Nach ihrem ersten Stück sagt sie:
»Das war Andante.«
Tante Else meint:
»Dangke scheen, mei Gind, wärglich sähr scheen. Un nu schbiel mal was an Ongkel.«

BLADO

Ein Theateragent aus Berlin sitzt in einer sächsischen Stadt in der Oper, um Nachwuchs zu entdecken. Neben einigen guten Kräften hat die Oper einen miserablen Tenor. Seine große Arie schafft er nur mit Müh und Not. Trotzdem bricht anschließend frenetischer Beifall los. Sogar da capo wird gerufen! Er wiederholt die Arie. Nicht enden wollender Beifall. Da capo! Der Berliner Agent kann es kaum fassen. Erneut tritt der Tenor an die Rampe und singt mit letzter Kraft.

Kläglich! Das Publikum rast. Es klatscht und trampelt mit den Füßen! Der fassungslose Theatermann fragt nun seinen Nachbarn:

»Sagen Sie mal, finden Sie denn diesen Sänger wirklich so gut?«

»Nee, awwr heide machn mirn färdch!«

Zwei Freunde sitzen beim Bier und schweigen eine Weile vor sich hin. Einer nimmt die Unterhaltung wieder auf und sagt: »Ich gammr nich hällfn … das gannse Lähm gommd morr vor wie ä geblazzdr Lufdballong.«
»Wie meensdn das?«
»Ich weeß ooch nich.«
»Na, da hasde rechd!«

DEM
UN-
BEGANNDN
GRIECHER

»Herr Wachdmeesdr!«
»Ja, bidde.«
»Hamm Se nich ne Frau ohne Mann gesähn, der genauso aussiehd wie ich?«

Kurz vor Vollstreckung eines Todesurteils.

»Haben Sie noch einen letzten Wunsch?«

»Ja. Ich mechde gärne's Abbiduhr nachmachn!«

»Entschuldigen Sie bitte, wohnt hier in diesem Haus ein gewisser Vogel?«
»Nadierlich. In dorr zweeden Ädaasche. Rabe heßßdr.«

»Sie!? Hamm mir uns nich schon emal in Daschgend gedroffn?«
»Nee, in Daschgend war ich noch nie!«
»Ich ooch nich! Da missn das zwee andre gewäsn sinn!«

Im Spielwarengeschäft.
»Ich hädde gärne ä Lewen.«
Die Verkäuferin bringt eine Schachtel und holt ein Stofftier heraus.
»Nee, das is doch gee Lewe, das is ä Diecher!«
Die Verkäuferin kommt mit einer neuen Schachtel.
»Nee, heernse, das is doch ä Leobard!«
Sie öffnet die dritte Schachtel.
»Awwr, was bringse denn nu? Das ist doch ä Buhmah!«
Schließlich wird die fünfte Schachtel geöffnet.

»Also, ich bidde Sie, das soll ä Lewe sein?! Das is doch ä Bärnhahrdiener! Hammse denn geen Lewen?«
Die Verkäuferin stellt mit leichter Verlegenheit fest: »Wissense, een diräggdn Lewen hammorr nich …«

Eine sächsische Reisegruppe besucht eine Theateraufführung in bayrischer Mundart.
Die Ehepaare Pätzold und Kretzschmar sind hellauf begeistert. Nach der Vorstellung meint Frau Pätzold:
»Eechendlich schade, daß mir geen Dialeggd hamm!«

DASCHGEND

»Is hier in dem Ord ooch guhde Lufd?«

»Un was fier welche! Mir hamm neilich unsern äldesdn Einwohner vorrgifdn missn, damidd mir endlich unsern Friedhof einweihn gonndn!«

Ein Liebespaar sitzt am Ostseestrand und beobachtet den Sonnenuntergang. Andachtsvoll halten sie sich umschlungen und betrachten hingerissen die Feuerglut in all ihren kräftigen Farben. Da durchbricht die Stimme der jungen Frau das ergriffene Schweigen:
»Glei didschdse nein!«

»Herr Schaffner, gibt's auf der nächsten Station was zu essen?«
»Awwr ja, nadierlich gibbds da was zu ässn.«
»Kriegt man da auch Bier?«
»Selbstvorrschdändlich. Da gibbds auch Bier.«
»Das ist ja schön. Und wie lange hält dort der Zug?«
»Eechendlich gar nich. Er fährd dorch.«

»Stellt euch vor, ihr sitzt in der Straßenbahn. Da steigt eine Frau ein und findet keinen Platz mehr. Was tut ein Junge da?«
»Er duhd so, als dähde er schlafn!«

Der Vater fragt seinen Sohn: »Sag mal, hast du dir eigentlich schon mal überlegt, warum ihr Kinder in die Schule gehen müßt?«

»Nu glaar – damidd de Lährer nich ooch noch arbeidslos sinn!«

An einer Straßenecke steht ein Polizist und schaut nach dem Rechten. Ein kleiner Junge kommt angeschlendert, stellt sich neben den Schutzmann und beobachtet dessen Tun. Nach einer Weile beugt sich der Gesetzeshüter zu dem kleinen Burschen herunter und sagt: »Na, mei Gleener, du möchdesd wohl ooch mal Bollizisd wärn!?«
»Nee, ich nich, awwr mei Bruder, die faule Sau!«

»Weißt du denn schon, was du deinem Bruder zu Weihnachten schenkst?«
»Nee, das weeß'ch noch nich. Voriches Jahr haddor von mir de Masern gegrichd!«

»Mänsch, Oddo, was bisde feiche! Als de gäsdorn ahmd Zangk midd deiner Frau haddesd, bisde glei undern Disch gegrochn!«
»Awwr hasde gesähn, wie frech ich von drunder vorgeguggd hawwe!?«

Der Generalsekretär ist gestorben und in den Himmel gekommen. Der liebe Gott ermahnt Petrus, auf Walter Ulbricht ein besonderes Auge zu haben. Nach einigen Wochen fragt er nach, ob es besondere Vorkommnisse gebe.
»Nein, Genosse Godd!«

Der Sohnemann wurde wieder einmal beim Schwindeln ertappt. Der Vater schimpft mit ihm: »Nee, also, daßde mir iewerhaubd noch ins Gesichde guggn gannsd!«
»Nu, ja, Babba, morr gewehnd sich ähmd an alles.«

Aha...
Bellgardoffln!
WAU! WAU!

»Härr Doggdor, ich hawwe schräggliche Schmerzn, mal rechds im Bauch, mal lingks, manchmal ooch in dorr Midde.«
»Wo hat es denn zuerst weh getan?«
»Offn Augusdusbladz.«

*

Beim Kreuzworträtsel. »Ich suche noch ä Singvohchl midd ›G‹!«
»Baßd Ganarienvohchl?«

Der Taschendieb Hermann Kunze steht vor Gericht.
»Sind Sie vorbestraft, Angeklagter!?«
»Nee, mich beschdrafn se immor erschd hindorher!«

»Deine Tante ist ja wirklich sehr alt geworden. War sie denn noch bis zuletzt geistig auf der Höhe?«

»Das weeßch nich. Das wärn morr erschd sähn, wenn's Dässdamend geöffned wärd!«

»Unser Hund ist so gluhch. Das genn Se sich gar nich vorschdelln! Wie ich neilich midd dähm schbaziern war, habbch was vorrgessn. Ich bleibe schdehn un sahche: ›Gahroh, morr hamm was vorrgessn!‹ Und wissn Se, was dähr gemachd hadd!?«
»Da ist der wohl zurückgelaufen und hat es geholt?«
»Nee. Dähr hadd sich hingesedzd un iewerlächd, was ich meene!«

Zwei Freunde sitzen im Park auf einer Bank. Ein Vater kommt mit seiner sechsköpfigen Kinderschar den Weg entlang. Da meint der eine: »Gugge, Garle, das gommd dorrvon, wenn morr in dähr Juchend nischd gelärnd hadd!«

Das Telefon klingelt in einer Bäckerei.
»Hamm Sie Schweinsohren?«
»Ja.«
»Wärglich!? Na, da missen Sie awwr budzch aussähn!«

Siem Fund midd Gnochn!

Auf dem Telegrafenamt.
»Also dähr Name off dähm Dählegramm is gosdnlos?«
»Selbstverständlich.«
»Na guhd, also mei Name is Angommemorchnvormiddahch.«

Am Postschalter geht es ewig nicht vorwärts. Einem Mann wird die Sache zuviel, und er läßt ein paar saftige Ausdrücke hören. Daraufhin wird er von der Beamtin hinterm Schalter belehrt: »Härnse, mei Gudsdor! Hier is geene Fluhchbosd!«

Ein Mann betritt einen Bäckerladen.
»Freilein, hammse vorrleichd harde Sämmln? Awwr harde missnse sinn!«
»Nadierlich hammor wälche.«
Sie holt ein Körbchen unter dem Ladentisch hervor.
»Sinn das alle?«
»Nee. Mir hamm noch mähr!«
Sie schleppt aus einer Ecke einen größeren Korb voll herbei.
»Awwr nu hammse geene weidor?«
»So sähn Sie aus! In dorr Baggschduwwe sinn noch wälche!

Garle! Bring ma de gesdrichn Sämmln!«

Ein Lehrling bringt noch einen Korb.

»Ei vorrdimmich! Das hädd ich nich gedachd, daß Sie noch so viel harde Sämmln hamm! Awwr das sinn alle? Nu hammse geene mähr!«

»Leidor, das is alles.«

»Sähnse, mei guhdes Gind, wennse die heide alle noch loswärn – da gennse von Gligg reden!«

»Ä Fund Hundeguchn.«
»Zum Hieressen?«

In der Oper fragt einer seinen Nachbarn:
»Sie wärn enschuldchn, das war doch de Owwerdiere zu ›Fidelio‹?«
»Nein, zur Fledermaus.«
»Ach so, da hab ich mich vorrheerd!«

Monsieur Dupont, Einkäufer für die schweizerische Firma Grasset & Cie. in Bern, besucht die Leipziger Messe. Er muß seiner Firma ein Telegramm schicken. Auf dem Postamt füllt er das Formular aus und schreibt als Adresse: Mssrs. Grasset & Cie. Berne.

Der Schalterbeamte beguckt sich die Anschrift und sagt: »Nee, mei liewr Mann, so gehd das nich! Dähr Ord wärd bloß Berne ausgeschbrochn! Schreim duhdor sich ›Pirna‹!«

Während der Messe in Leipzig sitzen am Abend drei Journalisten beim Bier. Im Laufe des Gesprächs kommen sie auf die Eigenarten ihrer Sprache zu sprechen. Der Engländer meint: »Oh yes, unsere Sprache ist wirklich sehr schwer! Wir schreiben ›tree‹ und sprechen ›tri‹.«
»Ja, Monsieur, auch Französisch ist sehr schwer. Wir schreiben ›soir‹ und sagen ›soar‹.«
»Na, da schießn mir awwr in Saggsn dähn Vohchl ab! Mir schreim ›belegtes Brot‹ un saachn ›Bemme‹!«

»Herr Ober! Haben Sie mir eigentlich Kalbsbraten oder Schweinebraten gebracht?«
»Gennse das nich undorscheidn?«
»Nein.«
»Na, dann gann's Ihn' doch ooch egal sinn.«

In einem Kaffeehaus fragt der Kellner den Gast, ob er die Sahne in den Kaffee schütten soll.
»Nein.«
Daraufhin gißt der Kellner die Sahne in den Kaffee.
»Aber ich habe doch ›Nein‹ gesagt!«
»Na desdorwähchn habbch se ja ooch neingeschidd! Wenn ich die Sahne nich neinschiddn sollde, häddn Se ›Nee‹ sahchn missn!«

»Herr Ober, ich möchte ein Bier.«
»Dungkles oder helles?«
»Helles!«
»Auswärdches oder hies'ches?«
»Auswärtiges.«
»Solls e großes sein, oder geniechd e gleenes?«
»Ein großes.«
»Auswärdche Biere hammor nur in gleen Gläsrn da.«
»Meinetwegen. Bringen Sie mir ein kleines!«
»E gleenes Dungkles?«
»Nein, ein Helles!«
»Sie wolldn doch e auswärdches Bier?«

»Ein auswärtiges Helles!«
»Mir hamm bloß auswärdches Dungkles, 's Helle is hies'ches.«
Ich will ein helles Bier! So bringen Sie mir ein hiesiges Helles!«
»E großes Helles?«
»Ein kleines Helles.«
»Hies'che Biere wärn nur in großn Gläsrn servierd.«
»Also bringen Sie mir ein großes hiesiges Helles.«
»Sie enschuldchn giedichsd, Se werns'ch wohl nich enschließn genn, e Dungkles zu nehm – 's Helle muß nämlich erschd angeschdäggd wern ...«

Der Feldwebel motiviert seine Soldaten.
»Schütze Seifert! Warum muß der Soldat sein Leben für das Vaterland opfern!?«
»Recht hammse, Härr Feldwäwwl, warum eechendlich?«

Während der Revolution von 1848. Eine Gruppe tapferer Soldaten wird gegen eine Barrikade geführt. Mit äußerstem Erstaunen nehmen sie wahr, daß von drüben mit scharfen Patronen geschossen wird.
Entrüstet rufen sie hinüber: »Ihr seid wohl vorriggd!? Wolldor glei midd dähr dähmlichn Schießerei uffheern! Ihr sehd wohl nich, daß hier Leide schdehn!?
Als aber von der anderen Seite gemeinerweise weitergefeuert wird, drohen sie, ernstlich in Wut

geraten, mit den Fäusten hinüber und schreien: »Ihr machd noch so lange, bisser hier een dräffd!«

Zwei Frauen stehen wartend auf einem Bahnsteig. Die eine will ihrer Nachbarin ein Gespräch aufzwingen und sagt: »Mir kriechn heide scheenes Wäddor.«
»Mir ooch.«

FAHRGARDEN
Wohin?
Heem!

Ein Hotelbesitzer in den bayrischen Alpen fragt den Gast aus Leipzig:
»Na, was sagen Sie denn zu unserer herrlichen Landschaft?«
»Ach, wissn Se, wenn morr sich die Bärche un Bäume wegdängkd, dann siehd die Gäschend hier aus wie bei uns dorrheeme!«

»Mir fahrn dies Jahr an de Riffchärah.«
»Da ward ihr doch ärschd vorches Jahr – off eurer Hochzeidsreise??«
»Das schon, awwr diesmal wolln morr bahdn.«

Ein Ehemann überrascht seine Frau mit seinem besten Freund im Bett: »Mänsch! Ihr mährd hier rum, un in dorr HO gibbs Banahn!«

Der Sozialismus siecht!

»Also, ich weeß nich, was de Leide an dähm Garl May findn! Ich hawwe schon iewr fuffzch Seidn geläsn, awwr ich finde das iewrhaubd nich schbannend!«
»Was liesde denne?«
»Das Gabbidahl.«
»Awwr das is doch nich von Garl May, das is doch von Garl Marx!«
»Ach so. Nu weeßch ooch, warum da noch gee Indchahner vorgahm!«

Mir hamm ä Lehm!

»Was machsd du denn am liebsden, Reeschn?«
»Am liebsdn dorne ich!«
»Na, da bisde doch ä richdches ›Dornreeschn‹!«

»Sagen Sie eigentlich in Sachsen immer noch ›ächa‹?«
»Ächa, wer saachdn so was!?«

»Babba, hasde dir schon mal ä Zahn ziehn lassen?«
»Een Zahn, mei Gleener!? Hunderde!!!

»Machd denn deine Frau geen Grach, wennde ahmds so schbäde nach Hause gommsd!?«
»Ich bin doch gar nicht verheiratet.«
»Ja, warum gehsde denn da ahmds iewerhaubd aus?«

Ein Vertreter kommt von seiner Geschäftsreise zurück. Früher als geplant.
Sein Sohn begrüßt ihn aufgeregt mit der Nachricht, im Kleiderschrank sei ein Gespenst.
»Ach wo, mei Gleener, 's gibbd doch gar geene Geschbänsdr, das weeßde doch.«
»Äua, 's gibbd wälche! Nu gugge doch ma!«
Der Vater läßt sich erweichen und geht ins Schlafzimmer. Er macht die Schranktür auf ..., und da steht in dürftiger Bekleidung sein bester Freund vor ihm!

»Also, das is doch die Hehe! Mir sinn schon so viele Jahre befreinded! Du bisd bei uns fasd wie zu Hause! Du duhsd bei uns ässn un manchmal ooch schlafn! Ich hab dir sogar eene guude Schdellung vorrschaffd! Und was machsd du zum Dangk!? Schdellsd dich in den Schrangk un erschräggsd meinen Sohn!!!«

»Verzeihen Sie giedichsd, Härr Wachmeesdr, wo fährdn die Schdraßenbahn dord hin?«
»Wennse nich von dn Schien rundergehn, fährd Se Ihnen ins Greize!«

Meisezahl kommt sehr spät und ziemlich »beduddeld« nach Hause. Hermine ist außer sich. Er will sich entschuldigen. »Gee Word mähr!« brüllt sie ihn an, »oodr ich mach mich zur Widdwe!«

Ein Liebespaar auf einer Strandpromenade an der Ostsee. Über ihnen wölbt sich ein sternenklarer Himmel. Der junge Mann ist stark beeindruckt: »Gugge mal, mei Meisl, dähr scheene Schdärnhimmel da ohm!«
»Dähn habbch gäsdorn ahmd schon gesähn!«

Wie drheeme!

Ein Zollbeamter betritt nach der Grenze das Zugabteil.
»Spirituosen, Zigaretten, Kaffee, Schokolade!?«
»Dangke, ich bin eingedäggd.«

Zwei Sachsen wollen eine große Reise machen.
»Wo wolln morr denn hinmachen?«
»Am liebsdn nach Daschgend.«
»Wo liechdn das?«
»Da hindn in Sibirien.«
»Weeßdn da dähn Wääch?«
»Da mußch mal im Addlas nachguggn.«
Er schaut nach und sagt dann:
»Nu ja … bis Dräsdn weeßchn jädz … awwr dahinder dehnd sich's mächdich …«

Frau Schulze im Gebirge. Ein strahlendblauer Tag.
»Ach nee, wär das heide ä scheener Daach zum Wäscheaufhäng!«

Der neugierige Friseur zum unbekannten Kunden:
»Sie sinn wohl zu Besuch hier?«
»Nee, zum Haareschneiden.«

»Heh! Gudscher! Leefd bei Ihn hier immer das Wasser in de Gudsche!?«
»Nee. Nur wenn's rääächned!«

Das Ehepaar Beyer fährt über die Ostsee von Warnemünde nach Schweden.
»Gugge ma, Heinz, jädz siehsde gar gein Land mähr!«
»Nu, wenn ich nischd mähr sehe, brauch'ch ooch nich hinguggn!«

»Fräulein! Die Tasse hier hat einen Sprung!«
»Da gennse ma sähn, wie schdarg unser Gaffee is!«

Ihr Schdreiselguchn, bidde!

In der Kneipe. Einer der Stammgäste muß niesen. Darauf der Wirt:
»Mänsch, du bringsd mir noch'n Schwamm in de Bude!«

»Sie! Wennse mir nochema off de Beene drädn un nochema aus mein Glas dringkn … da … da sädz'ch mich wägg!«

»Das soll ein Kalbskotelett sein, Herr Ober!? So ein Kotelett ist eine Beleidigung für jedes Kalb!«
»Enschuldchnse, mein Härr, ich hab Sie nich beleidchen wolln!«

Die Mutter steht vor der Wiege und fragt ihren Mann: »Soll'ch dähm Gleen mal was vorsing, dasser schläfd?«
»Warde mal, Hildegard, versuchs erschdema im Guudn.«

»Haben Sie Musikverständnis?«
»Ja, ä bißl.«
»Wissen Sie, was ich jetzt spiele?«
»Ja … Glawier.«

»Nächsdn Sonndaach ziehn morr mal de Saale lang.«
»Warum denn? Isse eich zu gurz!?«

»Sie haben ja nicht einmal ein Kino im Dorf! Was machen Sie denn, wenn es regnet?«
»Mir lassn äs räächnen.«

Gugge, dä Ostseegiste!

Zwei stark besäuselte Männer im Park. Einer zeigt ins Grüne. Der andere blickt deshalb in diese Richtung.
»Was issn?«
»Saachema, was issn das dord driem fier ä märgwirdchor Voochl?«
»Wo denn?«
»Nu, da driem!«
»Wo denn nur? Ich gann geen Voochl sähn!«
»Nu da driem! Glei nähm dähn Boom!«
»Ich sähe nischd! … Wie siehdr dene aus?«

»Schwarz.«
»Haddr ä gelwen Schnawwl?«
»Ja.«
»Siehdr aus wie ne Amsel?«
»Ja.«
»Nu dann … dann isses ooch eene.«

Eine Frau sitzt in der Straßenbahn einem Afrikaner gegenüber. Sie mustert ihn verstohlen und ringt mit sich, ob sie ihn anspricht. Schließlich faßt sie sich ein Herz und fragt:
»Se wärn enschuldchn, awwr sinn Sie ä Nääschr?«
»Ja.«
»Drum.«

»Von wann is das Brot?«
»Von gäsdorn.«
»Ich möchte aber eins von heute!«
»Da missn Se morschn widdrgomm.«

Ein Betrunkener kommt in ein Geschäft, sieht sich schwankend um und sagt dann:
»Ich meechde die rohde Drommbeede un die Siehaarmonigah.«
»Den Feuerlöscher können Sie haben, aber die Heizung bleibt hier.«

Ein Hausmädchen bewirbt sich.
»Nu, saachn Se ma, Frollein, genn Se denn ooch gochn?«
»Nu glaar genn ich dähn! Wo'ch doch von dähm ä Gind hawwe!«
»Nee, Frollein, ich meene doch, ob Sie's gochn gelärnd hamm!?«
»Ächa, das gonnde dähr schon!«

Im Büro der Jahrhundertwende. »Meyer, hier in Ihrem Briefe, da fähld ä Bingkdchn. Gommse hähr un machnses sälwer rein, damidds nich zweerlee Handschrifd värd!«

»Mänsch, saache mal, Garle! Du offn Färd! Seid wann hasd du denn ä Färd?«

»Weesde, midd dorr Schraßnbahn hasde doch im Windor ofd Hudelei. Da bin'ch baarmal zu schbäde off Arweed gegomm. Midd ä Färd bisde immer bingkdlich.«

»Da hasde rechd. Awwr saache mal, warum fiehrsde dänne da noch ä Färd midd?«

»Nu, ich muß doch Angerbrigge umschdeichn!«

Zwei Taubstumme fahren mit der Eisenbahn von Leipzig nach Dresden. Zufällig steigt in Wurzen ebenfalls ein Taubstummer in den Zug und beteiligt sich im Abteil an dem Gespräch in Zeichensprache. Nach einer Weile verläßt einer der beiden ersten ärgerlich das Coupé. In Dresden fragt ihn sein Freund:
»Warum bist du denn vorhin so plötzlich hinausgegangen?«
»Ich gonnde dähn Wurzner Dialäggd nich mähr erdraachn!«

Im fernen Jerewan begegnen sich zwei Sachsen und freuen sich über das unverhoffte Zusammentreffen.

»Sinn Sie vorrleichd aus Leibzch!?«

»Nee, ich bin nich aus Leibzch. Un Sie?«

»Nee, ich ooch nich.«

»Na, so ä Zufall!«

Zwei Männer unterhalten sich. Fragt der eine:
»Können Sie mir den Unterschied zwischen Griechen und Römern nennen?«
Der andere überlegt und verneint dann.
»Sehr einfach«, wird er aufgeklärt, »die Griechen konnten aus Römern trinken, aber die Römer nicht aus Griechen!«
Da mischt sich ein Sachse in das Gespräch ein:
»Se wärn enschuldchn, awwr warum solln denn de Reemer nich aus Griechn dringkn genn!?«

Zwei Freunde unterhalten sich. »Du! Mir is vorrleichd gäsdorn was vorriggdes bassierd! Ich hadde mich vorrloofn un bin dorch eenge Hägge gekrochn. Da krichde ich blädzlich ä Saddl iewergeworfn un eener rufd ›Hieh!‹ un ›Los!‹«

»Na, was hasde denn da gemachd!?«

»Nu, 'n Zweedn.«

»Nu, ich grateliere ooch scheen. Se hamm doch gärzlich Familienzuwachs gekrichd. Was isses denne, ä gleener Junge!?«
»Nee.«
»Ä gleenes Mädchen!?«
»Erradn!«

Herr Kretzschmar hat ein Theateranrecht. Nach einem Schauspielbesuch fragt ihn Herr Petzold:

»Na, wie war'sch denn im Dehahdr?«

»Ach, wissen Se, ich hawwe mei Anrächd nun schon zwanzch Jahre! Ich gugge gar nich mähr hin.«

In der Straßenbahn. Ein kleiner Junge betrachtet sich einen alten weißhaarigen Mann, der ihm gegenüber sitzt und eingeschlafen ist.

Zu seiner Mutter flüstert er: »Guggema Mama, Goethe!«

»Awwr Gustav«, flüstert die Mutter zurück, »Goethe is doch schon lange dood.«

»Also, lange beschdimmd nich … ähmd haddr sich noch bewäächd!«

In andere Richtung geht die Flüsterei vom Ehepaar Pätzold: »Warum issn das ä Billchergohr?«
»Nu, weils ähmd Billcher sinn!«
»Un warum heeßn die ›Billcher‹?«
»Na, weilse billchern.«
»Un warum billchern die?«
»Weils billcher is als midd dorr Bahn.«

»Du, Garle, als ich gäsdorn midd dorr Zwee'e nach Gonnewidz gefahrn bin, schdand Beethoven nähm mir!«
»Das gloob ich dir nich.«
»Das gannsde mir awwr gloom!«
»Ich gloob dirsch awwr nich! De Zwee'e fährd nämlich gar nich nach Gonnewidz!«